그 사람은 돌아오고 나는 거기 없었네

이 도서의 국립중앙도서관 출판시도서목록(CIP)은 e-CIP홈페이지(http://www.nl.go.kr/ecip)와 국가자료공동목록시스템(http://www.nl.go.kr/kolisnet)에서 이용하실 수 있습니다.
(CIP제어번호:CIP2014019225)

실천시선
220

그 사람은 돌아오고 나는 거기 없었네

안상학

실천문학사

차례

제1부

벼랑의 나무	11
소풍	12
지압	14
저온 화상	16
맹도견	18
그 사람은 돌아오고 나는 거기 없었네	20
내 한 손이 내 한 손을	22
얼굴	24
늦가을	26
가을밤	27
뿌리	28
바지랑대	30
귀를 옹호함	32
착종	33
병산서원 복례문 배롱나무	34

제2부

쌀 석 섬 … 37
앙숙 … 38
발밑이라는 곳 … 40
크리스마스로즈 … 42
조물주 … 44
팔레스타인 1,300인 … 47
평화라는 이름의 칼 … 51
어매 … 54
비 오는 새벽 … 55
858-0808 … 56
임병호 … 58
오월 … 60
어느 물푸레나무 시인의 죽음 … 62
엄마 아빠 노란 리본을 달고 계세요 … 64
귀 … 70

제3부

거문도 동백나무	75
감기약	76
난	78
겨울 무지개	80
아버지의 꼬리	82
겨울 물은 그렇게 흘러가는 중	84
잠자리	86
호박에게 손을 준다는 것	88
고들빼기꽃	90
호랑지빠귀 우는 밤	92
최고 속도의 잠	94
그늘 고추	96
꽃이 그려준 자화상	98
난독증	100
冬眠	102

제4부

병산 노을	105
雨水	106
운람사(雲嵐寺)	107
봉정사 영산암	108
단천 마을	110
안동 숙맥 김만동	111
안동 숙맥 흰둥이	112
목련 장수	113
자력갱생	114
발뺌	116
지천명	117
南原行	118
구색	120
이상한 女子	122

발문 김해자 125
시인의 말 142

제1부

벼랑의 나무

숱한 봄
꽃잎 떨궈
깊이도 쟀다

하 많은 가을
마른 잎 날려
가는 곳도 알았다

머리도 풀어헤쳤고
그 어느 손도 다 뿌리쳤으니
사뿐 뛰어내리기만 하면 된다

이제 신발만 벗으면 홀가분할 것이다

소풍

내사 두어 평 땅을 둘둘 말아 지게에 지고 간다
새들이 나무를 꼬깃꼬깃 접어 물고 따라나선다
벗은 이 정도면 됐지
술병을 닮은 위장 속에는 반나마 술이 찰랑이고
파이프를 닮은 허파에는 잎담배가 쟁여져 있으니
무슨 수로 달빛을 밟고 가는 이 길을 마다할 것인가
무슨 수로 햇빛을 밟고 가는 이 길을 저어할 것인가
해와 달이 서로의 빛으로 눈이 먼 이 길을 뒤뚱이며 간다
어느 날은 달의 뒤편에 자리를 펴고 앉아 지구 같은 것이
나 생각하며
어느 날은 태양의 뒤편에 전을 펴고 누워
딸내미와 나같이나 불쌍한 어느 여인을 생각하며
조금씩 술을 비우고 조금씩 아주 조금씩 담배를 당긴다
그때마다 새들은 나무를 펴고 앉아 노래를 부르거나
모래주머니에 챙겨 온 콩 두어 개를 꺼내 먹는다
가끔 바람이 불어오고 잊을 만하면 걸어간다

이상하리만치 사랑하는 것들과 가까이 살 수 없는 이번 생에서 나는 가끔 꿈에서나 이런 소풍을 다녀오곤 하는데 오늘도 그랬으니 한동안은 쓸쓸하지나 않은 듯 툴툴 털고 살아갈 수 있을 것이다

지압

심장이 아프면 발바닥 혈을 누른다
꾹꾹 누르면 심장인 듯 통증이 인다

지압을 하면서 나는 중국의 어느
한쪽 팔이 없는 발레리나와
한쪽 다리가 없는 무용수가
짝이 되어 한 몸인 듯 추던 춤을 떠올린다
심장이 아파도 같이 아플 발이 없는 사내
발이 있어도 같이 주무를 손이 없는 계집
서로의 손과 발이 되어 통점을 어루만지는
둘이서만 출 수 있는 그 춤을 떠올린다

나는 오늘 지압을 하면서
심장이 아프면 같이 아파주는 발이 서러워
혈을 누르는 손도 함께 서러워
혼자서도 기가 막힌 독거를 되새긴다
심장이 아프면 심장혈도 아픈 한 몸의 동거를 곱씹어본다

심장을 주무를 수 없어서 심장혈을 대신 꾹꾹 누르다가
나는 어느 결에 자꾸 마음이 아파와
발바닥 어딘가에서 같이 아파할지도 모를 마음의 혈을
짐작해본다.

저온 화상

혹한의 집에 들어 전기난로를 쬔다
간밤 내 정강이를 지진 주범에게 손을 내밀다니
그래, 사실, 너는 잘못이 없다
따뜻함에 취해 술에 취해 잠에 취해
너무 오래 너를 가까이한 내 죄를 손 비빈다

네 덕분에 외과 의사에게서 한 수 배웠다
화상이란 치료하기에 따라서
잘하면 있던 병도 고칠 수 있고
잘못하면 없던 병도 얻을 수 있다 했다
따뜻한 것에게도 상처를 입을 수 있다 했다
상처를 치료하는 의사의 손을 보면서
나는 마음의 상처도 그러리라 생각했다

따뜻한 너를 너무 오래 가까이해서
천천히 익어버린 정강이의 상처를 어루만지면서
나는 내 마음에도 무엇을 오래 가까이해서 생긴 상처들이

여러 군데 있는 것을 알았다
잘 아물어서 더 빛나는 것들과
덧나서 오래 진물이 흐르는 것들의 잔해

전기난로를 적당히 다가 끼고
적당한 거리에서 적당히 언 손을 내밀며 생각한다
그럴 수만 있다면 파리처럼
손을 비비며 내가 잘못했다고 그럴 수만 있다면
다 늦은 마음의 상처들을 불러내고
따뜻하기만 했던 상처의 주인들도 모셔다가
중재를 시켜주고도 싶다는 생각이 든다
전기난로를 아주 가까이는 마주하지 않으면서
뜨뜻미지근하게 쳐다보기만은 하면서
그럴 수 있다면 그럴 수만 있다면 하면서 손을 쬔다

맹도견

나는 걸어 다니는 눈이다
눈이 안 보이는 내 사람이 두들겨 맞아도
그저 바라보고 있을 뿐인
몸 밖의 눈이다
입이라고 짖어서는 안 된다
이빨이라고 드러내서는 안 된다
누가 먹을 것을 주어도 절대 침 흘리지 말아야 한다
오직 내 시신경을 쥐고 있는 사람의 손에
길 일러주는 나는 눈일 뿐이다
길 아니면 가지 않고
신호 아니면 건너지 않고
물길이라면 버틸 줄 아는
단 한 사람에게 쓰일 수 있는 눈이어서 나는
굶어도 좋고 밟혀도 좋고 손가락질받아도 좋다
빗길을 걸어가서 보고 싶은 사람 만나게 해주고
눈길을 걸어가서 사랑을 만질 수 있게 해준다면
나는 눈 어두운 내 사람의

일정한 보폭을 가진 눈만이라도 좋다
적절한 마음을 가진 눈만이라도 좋다

그 사람은 돌아오고 나는 거기 없었네

그때 나는 그 사람을 기다렸어야 했네
노루가 고개를 넘어갈 때 잠시 돌아보듯
꼭 그만큼이라도 거기 서서 기다렸어야 했네
그때가 밤이었다면 새벽을 기다렸어야 했네
그 시절이 겨울이었다면 봄을 기다렸어야 했네
연어를 기다리는 곰처럼
낙엽이 다 지길 기다려 둥지를 트는 까치처럼
그 사람이 돌아오기를 기다렸어야 했네

해가 진다고 서쪽 벌판 너머로 달려가지 말았어야 했네
새벽이 멀다고 동쪽 강을 건너가지 말았어야 했네
밤을 기다려 향기를 머금는 연꽃처럼
봄을 기다려 자리를 펴는 민들레처럼
그때 그곳에서 뿌리내린 듯 기다렸어야 했네
어둠 속을 쏘다니지 말았어야 했네
그 사람을 찾아 눈 내리는 들판을
헤매 다니지 말았어야 했네

그 사람이 아침처럼 왔을 때 나는 거기 없었네
그 사람이 봄처럼 돌아왔을 때 나는 거기 없었네
아무리 급해도 내일로 갈 수 없고
아무리 미련이 남아도 어제로 돌아갈 수 없네
시간이 가고 오는 것은 내가 할 수 있는 게 아니었네
계절이 오고 가는 것은 내가 할 수 있는 게 아니었네
그때 나는 거기 서서 그 사람을 기다렸어야 했네

그 사람은 돌아오고 나는 거기 없었네

내 한 손이 내 한 손을

감기에 걸려 저린 손 살펴보다가 불현듯
언제 한번 내가 내 손을
살갑게 잡아준 적 있었나 생각해보네

없었네 단 한 번도
왼손으로 오른손을 곱게 잡아준 적 없었네
갓 태어난 아이의 손을 잡듯 살포시 잡아준 적 없었네
오른손으로 왼손을 정성스레 어루만진 적도 없었네
떨면서 애인의 손을 잡듯 살며시 잡아준 적도 없었네

한 손이 가시 찔렸을 때 맨 먼저 다가가 살피던 한 손
무거운 짐을 들 때 가장 먼저 함께한 손

그 수고로운 손을 서로
추호도 어루만진 적 없었다는 생각에 문득
계면쩍어 하면서 쓰다듬어보네
남의 손인 듯 느껴보네

애인의 손인 듯 애무해보네 난생처음
세상에서 가장 사랑스럽게
닿을 듯 말 듯 감싸보네 감싸여도 보네

얼굴

세상 모든 나무와 풀과 꽃은
그 얼굴 말고는 다른 얼굴이 없는 것처럼
늘 그 얼굴에 그 얼굴로 살아가는 것으로 보인다

나는 내 얼굴을 보지 않아도
내 얼굴이 내 얼굴이 아닌 때가 많다는 것을 알고 있다

꽃은 어떤 나비가 와도 그 얼굴에 그 얼굴
나무는 어떤 새가 앉아도 그 얼굴에 그 얼굴

어쩔 때 나는 속없는 얼굴을 굴기도 하고
때로는 어떤 과장된 얼굴을 만들기도 한다
진짜 내 얼굴은 껍질 속에 뼈처럼 숨겨두기 일쑤다

내가 보기에 세상 모든 길짐승, 날짐승, 물짐승도
그저 별다른 얼굴 없다는 듯
늘 그렇고 그런 얼굴로 씩씩하게 살아가는데

나는, 아니래도 그런 것처럼, 그래도 아닌 것처럼
진짜 내 얼굴을 하지 않을 때가 많다

나는 오늘도
쪼그리고 앉아야만 볼 수 있는 꽃의 얼굴과
아주 오래 아득해야만 볼 수 있는 나무의 얼굴에 눈독을 들이며
제 얼굴로 사는 법을 배우는 중이다

늦가을

그만하고 가자고
그만 가자고
내 마음 달래고 이끌며
여기까지 왔나 했는데

문득
그 꽃을 생각하니
아직도 그 앞에 쪼그리고 앉은
내가 보이네

가을밤

며칠 집을 비웠다가 들어간 날은 여기저기 널브러진 귀뚜라미 사체들을 만난다.

다시는 노래를 부르지 않겠다는 듯 악보를 접어 칠성판처럼 깔고 누워 있다. 일생 동안 무릎 꺾고 노래 들려준 노고를 보상받았는지 어쨌는지 양다리 쭉 뻗고 있다. 종아리에 비해 유난히 부은 허벅지. 손이라도 올릴 수 있다면 밤새 주물러주고 싶다.

오늘 밤은 어디선가 귀뚜라미들이 노래하지 않고 운다.

뿌리

나는 어느 텃밭의 꽃이었을까
상추 사이 자란 봉숭아를 뽑아 던지며
나는 내 발밑을 생각해본다
내 뿌리는 왜 이렇게 말갛게 바람에 씻기고 있는 걸까

나는 어느 꽃밭의 잡초였을까
원추리 초롱꽃 사이사이 잡초를 뽑아 던지며
나는 내 뿌리를 생각해본다
내 발밑은 왜 이렇게 삼베 타래처럼 하늘거리고 있는 걸까

뽑힌 것일까
아니면 아예 땅에 뿌리내리지 않았던 걸까
무얼 알았다면
텃밭에서 꽃을 뽑고
꽃밭에서 잡초를 뽑는 구별과 선택 사이에서
내가 문득 내 발밑의 뿌리를 생각할 턱이 없다

아배 어매가 이 세상에 나를 낼 적에
텃밭의 봉숭아
꽃밭의 잡초로 내지는 않았겠지만
내 뿌리는 아직 허공이다 끝내
허공에다 뿌리내린 거라 생각한다

그것이 아니라면 내가 아직 살아 있을 턱이 없다

바지랑대

하늘도 바닥이 있다
지겟작대기로 뱀 목을 누르듯
바지랑대가 빨랫줄을 하늘 바닥에 대고
지그시
누르고 있다 사랑하고 있다
하늘을 바닥으로 깐 유일한 결속이다
뱀처럼 휘감거나
지겟작대기처럼 뒤틀지 않고
기세 좋게 떠받칠수록 꼿꼿하고
하늘 바닥에 닿을수록 팽팽하게 넘어가는 오르가슴
치열한 사랑일수록
닮아가는 것이 아니라
서로가 서로다워지는 것
이불을 덮을 때나 걷을 때나
옷을 입을 때나 벗을 때나
한결같이 눈물을 말려주는
일점 결속으로도 충분히

하늘을 바닥으로 깔 자격이 있는
꼿꼿하고 팽팽한 사랑

나는 오늘도
나부끼는 내 사랑의 접점을 찾으려
바지랑대를 허공에 밀어 올린다.

귀를 옹호함

눈은 귀와 코와 혀와 몸의 아픔을 대신 울어줍니다.
슬픈 소리와 냄새와 맛과 촉감을 눈물짓는 거죠.
눈이 울 때 가끔은 코와 혀와 몸이 같이할 때도 있습니다.
콧물 줄줄 침 질질 가슴 탕탕 말입니다.
그러나 귀는 좀처럼 슬퍼하는 모습을 보이지 않습니다.

그렇다고 귀가 몰인정해서는 아니랍니다.
속으로 속으로만 홀로 울음소리 이명으로 감당하고
눈물일랑 말려서 은근슬쩍 귀지로 바꿔치기하며
아무리 슬퍼도 흔들리지 않게 쓰러지지 않게
저만이라도 안간힘을 쓰고 있어야 한다는 까닭이죠.
누가 봐도 미동도 없이 아주 의젓하게 말입니다.

따뜻한 봄날 무릎베개에 누워 귀를 맡겨본 사람은 압니다.
슬픔은 그렇게 사각사각 덜어내는 겁니다.

착종

만약에 꽃이 오직 한 마리 벌만 사랑하게 된다면
다른 수많은 벌들을 뿌리치고 기다리거나
그리움의 뿌리를 뽑아 맨발로라도
한사코 찾아다니느라 향기를 잃어버릴지도 모른다

만약에 벌이 한 송이 꽃만 사랑하게 된다면
어쩌나 많은 꽃들을 다 모른 체하고 오직 한 송이에 눌러앉거나
꽃 진 자리 봉긋한 무덤 앞에 망연자실 푹 무질러 앉아
하 많은 세월을 기다리느라 날개를 잃어버릴지도 모른다

아마도 인간에게서는 향기와 날개의 흔적을 찾을 수 없는 게 다 그런 전력이 있었기 때문이 아닐까 한다.

병산서원 복례문 배롱나무

남들 꽃 피울 때 홀로 푸를 일 아니다
푸름을 배워 나날이 새로워지면
안으로 차오르는 사랑
꽃처럼 마음 내며 살 일이다
벌 나비 오갈 때 간혹 쉴 자리 내주고
목 축일 이슬 한 방울 건넬 일이다
남들 꽃 피울 때 함께 피어
사만 팔만 시간 벌 나비와 함께 울 일이다
함께 춤출 일이다
세상 꽃 다 안 피운다 해도
저 홀로라도 꽃 피우며 살 일이다
때가 되면 푸르름을 여미고 꽃으로 돌아갈 일이다

제2부

쌀 석 섬

권정생 선생은 평소 자신의 몸 상태를
멀쩡한 사람이 쌀 석 섬 지고 있는 것 같다 했다

개구리 짐 받듯 살면서도
북녘에서 전쟁터에서 아프리카에서
굶주리는 아이들 짐 덜어주려 했다 그리했다

짐 진 사람 형상인 어질 仁
대웅보전 지고 있는 불영사 거북이
짐 진 자 불러 모은 예수

세상에는 짐을 대신 져주며 살았던 사람들이 있다
그들의 삶은 하나같이 홀가분했다

앙숙

어느 신부님은
마당가에 꽃 키우는 것 못마땅해했다
손바닥만 한 땅이라도 있으면 콩이나 채소를 가꾸었다

어느 작가는
마당에 풀이 우북해도 절대 뽑지 않았다
쇠무릎 이질풀 삼백초 질경이까지 다 약으로 썼다

한 사람은 어려서 배가 고팠고
한 사람은 어려서 몸이 아팠다
둘은 평생 친구였다

그들과 친했던 어느 농민 운동가는
집을 자주 비우다 가끔 집에 돌아가면
아내가 가꾼 꽃밭 갈아엎어 텃밭 만들곤 했다
아내는 남편이 집을 비우면
기다렸다는 듯이 텃밭 갈아엎어 꽃밭 가꾸곤 했다

텃밭과 꽃밭의 숨바꼭질
아내가 남편을 잃고서야 끝이 났다
아내는 꽃밭에서 아주 살았다

한 사람은 농사를 사랑해서 채소를 길렀던 것이고
한 사람은 남편이 그리워서 꽃을 가꾸었던 것이다

발밑이라는 곳

내 발밑은 나만의 공간이다
한날한시에 태어난 그 누구라도
서로의 발밑을 동시에 밟을 수는 없다
그런 의미에서 내 발밑은 언제나 나만의 신성불가침 구역이다

사람은 발밑을 밟으면서부터는 단독자다
여섯 살 장마철 처음 밟아 죽인 지렁이
여덟 살 여름날 뭉개버린 개미집
적어도 두 발 아래 학살까지도 책임질 줄 아는 단독자다

흘러간 전쟁 비망록에는 발밑을 빼앗긴 주검들이 많다
가마니 따위를 뒤집어쓴 시신의 삐져나온 발바닥
그들의 발밑을 유린한 무수한 발소리들은 건재한가
내가 알기로 전범들의 발밑도 오래지 않아 발바닥에서 이탈해갔다

발밑을 가진 적 없는 젖먹이와
발밑을 상실한 노인의 꼼지락거리는 발가락이 닮았다
발밑을 잠시 버리고서야 사랑을 나누는 연인들의 몸짓
발밑 없이 와서 발밑과 동행하다 발밑을 잃고서야 돌아가는 인생
때가 되면 발밑에 연연하지 않아야 될 때가 한 번은 오는 법이다

누구나 발밑을 밟고 사는 동안은 우선 발밑이 안전하길 기도한다
발밑은 나눌 수도 공유할 수도 없는 독자적인 것이다
세상 누구의 발밑도 건드려서는 안 된다
많은 부분 나무들에게서 배우고 익힐 필요가 있다
누구의 발밑도 신성불가침 성역이다

크리스마스로즈

내 이름은 크리스마스로즈랍니다

간사이 공항에서 만난 낯선 꽃은 이름표를 달고 있었다
지문 날인을 하고 들어간 일본에서 처음 만난 꽃
지문 날인을 하고 들어온 꽃인 듯 가타카나 이름표를 달고 있었다
고개 숙인 꽃 처음 보는 꽃
할미꽃처럼
내 뿌리만큼은 잊지 못하겠다는 듯
발밑만 보고 있는 꽃

권정생 선생의 작은형 권을송의 집은 니가타에 있었다
일본에서 태어나 한국에서 살다 간 동생의 부음은 듣지 못하고
한국에서 태어나 일본에서 살다가 그는 동생보다 조금 늦게 갔다

그가 아끼던 오래된 등나무가
그해부터 싹을 틔우지 않는다는 정원에는
부인과 딸처럼이나 남은 크리스마스로즈가 피어 있었다
이름표는 없었지만 금방 알아볼 수 있었다

구면이로군, 크리스마스로즈, 안녕?

그이 집 화강암 문패에는 權乙松이 새겨져 있있다
내 이름은 권을송이랍니다
이름만큼은 지문 날인을 하지 않은 생짜로 남아
천천히나 천천토록 낡아가고 있었다

조물주

인간이 만든 것들은 자라지 않는다
태양이 풀과 나무와 새들을 키우는 동안
인간이 만든 자동차와 집들은 자꾸만 낡아간다
창가에 놓아둔 책처럼 얼굴빛이 바래간다
시멘트에는 잎이 나지 않고 아스팔트에는 물고기가 살지 않는다

인간이 만든 것들은 태양이 만든 것들을 살해한다
석유를 살해하고 석탄을 살해하는 동안
기후가 죽어가고 계절이 죽어가고 들판과 바다가 죽어간다
밝음의 순환을 막는 인간의 악순환은 태양이 불을 놓을 때까지만 안전하다

인간이 만든 것들은 달이 만든 것들을 해체한다
라듐과 플루토늄을 살해하는 동안
어둠이 죽어가고 별빛이 죽어가고

가로등 아래 벼들과 백열등 아래 닭들이 죽어간다
어둠의 순환을 막는 인간의 악순환은
달이 지구의 손을 놓을 때까지만 부지할 것이다

푸른 혹성의 순환을 거역하며 악착같이 악순환하는 인간
　전쟁과 전염병이 무수히 제거해도 보란 듯이 지구는 만원사례다
　지구를 갉아 먹으며 뻔뻔히게 지구가 차린 밥상을 먹고 있다
　최후의 새우 한 마리는 고래의 몫일까 인간의 몫일까
　최후의 나무 한 그루는 참새의 차지일까 인간의 차지일까

　지금 지구는 순환하는 세상과 비순환을 고집하는 인간의 전쟁터
　과거로는 절대 순환하지 않는 인간의 무한 약진과
　낮과 밤, 사계의 순환에 모진 애를 쓰는 지구와 벌이는 피비린내다

알다시피, 이런 종류의 종전은 물과 불과 바람과 흙의 힘만이 할 수 있다
인간을 만든 해와 달의 장구한 순환 속에는
읽다 만 책 속의 책갈피처럼 인간의 파멸도 다소곳이 들어 있다
아이스크림을 먹던 소녀가 삽시간에 쓰나미 속으로 사라지는 것과
비석치기를 하던 소년의 팔이 느닷없이 포연 속으로 솟아오르는 것을
대체 무엇으로 설명할 수 있단 말인가
그 사실을 모르는 존재는 이 지구상에서 오직 하나, 인간뿐이다.
물론, 이 또한 순환하는 우주의 일부일 테지만.

팔레스타인 1,300인

―그들은 전사하지 않고 학살당했다

사자가 얼룩말을, 매가 들쥐를 잡아먹듯
개나 소나 잡아먹는 것은 그렇다 치고
먹지도 않는 인간을 인간이 죽이는 것은
자연에서도 거의 볼 수 없는 것이므로 이쯤 되면
자연스럽다는 말은 인간에게서 거두어야 한다

자연스럽지 못한 인간의 역사 앞에서
나는 인간이 무딘 어금니를 증오한다
사자가 얼룩말을 제압하는 것처럼
인간이 인간을 제압할 수 없는 퇴화된 어금니의 역사에는
다수를 향한 살기를 품은 칼의 발전사가 내장되어 있다
사자 같았다면 최소한 대량 학살은 없었을 것이다
명백히 인간이 자행한 칼의 역사다 그러므로
나는 인간의 귀여운 발톱을 증오한다
매가 들쥐를 낚아채 올리는 것처럼
인간이 인간을 포획할 수 없는 퇴화된 발톱의 역사에는
불특정 다수를 겨냥한 살의를 품은 총의 발전사가 암장

되어 있다
  매 같았다면 최소한 무차별 학살은 하지 않았을 것이다
  명명백백 인간이 자행한 총의 역사다

  자연으로 돌아가자는 말보다 더 낭만적이겠지만
  먹지 않으려면 죽이지 마라
  사람을 죽여서 먹는 것이 땅이라면 땅을 죽여라
  오래된 신화나 낡은 종교나
  고리대금의 자본이나 석유 냄새 나는 배후나
  거대한 제국의 그림자거나 값싼 민족주의거나
  혹은 집 없는 설움이거나
  사람을 죽여서 얻을 수 있는 상찬은 없다
  바이블에서 가르치듯이
  네 손에서 하나 되는 것은 죽임이 아니라 평화다
  미안하게도 디아스포라는 이제
  세계를 떠도는 모든 사람들의 대명사로는 부적절하다
  사람을 죽여서 먹는 것이 땅이라면 발 딛고 선 땅을 죽여라

실로 몇 천 년 전 황망한 시온의 꿈으로 돌아가는 것보다
차라리 날카로운 어금니를 기르고
매서운 발톱을 세우는 것이 훨씬 평화에 가깝다

절망한다, 인간의 역사 속에서 절대 실망시키지 않는 절망
이마에 총 맞은 팔레스타인 소년의 주검
상처를 틀어막은 아비의 손을 슴벅슴벅 비집고 나오는
어린 삶의 무표정한 최후 진술
어느 때 어디서고 불쑥불쑥 나타나는 절망
총구를 당기는, 미사일의 단추를 누르는 귀여운 손톱
학살 게임을 하며 미소 짓는 병사의 새하얀 송곳니
군홧발 속에 가지런한 발톱
내 몸에도 남아서 총칼의 진보를 인정하고 있는
그들의 발톱과 송곳니를 닮은 나를 절망한다

먹지도 않을 인간을 인간이 죽이는 것은 학살이다
땅을 먹으려거든 땅을 죽이는 것이 마땅하다

그것이 네 손안에 하나 되는 평화에 가깝다

평화라는 이름의 칼

―엘살바도르의 오스카 로메로 대주교는 정의가, 마치 뱀처럼, 오직 맨발인 사람들만을 문다는 것을 발견했다. 그는 자기 나라에서 가난한 사람들은 시초부터, 즉 태어나면서부터 저주받고 공격받는다는 것을 공개적으로 말했고, 그 때문에 총을 맞고 죽었다.(에두아르도 갈레아노,『녹색평론』,「정의의 여신은 왜 눈을 감고 있는가?」, 김정현 옮김, 2013년 11-12월호, 14~15쪽)

세상에는 외면적인 사람들과 내면적인 사람들이 있다. 다시 말해서, 세상에는 칼을 밖으로 휘두르는 사람들과 안으로 들이대는 사람들이 있다는 것이다. 세상은 이 두 부류가 싸우면서 살아가는 공간이다. 평화라는 말의 현실이다.

이런 싸움은 늘 세상이 곧 끝날 것 같은 상황으로 치닫기 일쑤지만 가까스로 유지되는 까닭도 이들 중 극소수의 별종들이 있기 때문이다. 한쪽은 밖으로 휘두르던 칼끝을 돌려 자신에게 향하는 사람들을 말하고, 또 한쪽은 안으로 들이대던 칼을 뽑아 밖으로 휘두르는 사람들을 말한다.

그러나 이보다 더 큰 까닭은 정작 따로 있다. 바로, 보이지 않게, 없는 듯 있는 듯 살아가는 부류의 사람들이 있기 때문이다. 평소에는 맨손인 이들인데 어떤 위기 상황이 닥쳐오면 어디서 생겨난 것인지도 모를 칼을 떨쳐 들고 나선다. 이들은 대체로 비수를 품고 살았거나 가슴속에 비수가 있는지도 모르고 살았던 사람들이다. 그냥 두면 죽을 때까지 그렇게 살, 소위 법 없이도 살 사람들이다(하지만 이들 중 대부분은 자신의 칼을 미처 인식하기도 전에 **평화라는 이름의 칼**에 학살당했다. 평화를 가장한 **평화라는 이름의 칼**이 언제나 한 수 빠르기 때문이다).

이 모든 유형의 사람들은 지금도 끊임없이 재생산되고 있다. 이러한 현상은 엄밀히 말해서, 세상에는, 유사 이래로, 온전한 평화가 일순간도 없었고, 또한 앞으로도 무한 지속 가능하리라는 불길한 진리를 반증한다. 이것은 또한, 지금도, 도처에서, 터무니없는, **평화라는 이름의 칼**이 끊임없이 확대재생산 되고 있다는 방증이기도 하다.

평화로운 세상이란 사람들의 입으로 골고루 밥을 떠 넣는 숟가락 하나를 간직하는 것을 최선으로 한다. 정녕 골고루가 힘들면 밥은 차치하고라도 최소한 그 숟가락 하나 정도는 사수하는 것을 차선으로 삼아야 한다. 아무리 힘들더라도 절대, 평화를 가장한, **평화라는 이름의 칼**, 그 칼날에 배식을 맡기는 멍청한 짓은 하지 말아야 한다. 지금처럼, 칼날로 푼 밥 앞에 입을 벌리고 있는 작금의 우리들 세상처럼.

어매

권정생 선생은
어매로 눈뜬 삶 어매로 눈감았다
젖을 찾을 수 있을 때도 어매를 불렀고
젖을 찾을 수 없을 때도 어매를 불렀다
젖내를 찾아
처음 허공을 젓던 조막손, 마지막 늙은 손

어느 노시인의 표현대로라면
선생은 자비로운 삶 그 자체였다
젖을 물릴 수 있어서 기쁜 사랑 慈
젖을 물릴 수 없어서 슬픈 사랑 悲
다 어매에게 배운 것이었을 것이다

어매 사시는 그 나라에서는
더 이상 자비롭지 않아도 좋을 상봉에 겨워
저세상에 다시 태어난 울음도 컸을 것이다
웃음이었을 것이다

비 오는 새벽

처마 밑에 나앉아 손 마중 문득

멀리 조탑동 빈집 비 맞고 있겠다는 생각

누가 있어 이 한밤 손 마중할까

조탑동에 내리는 비 아무래도 쓸쓸하겠다

슬레이트 두드려보고 부뚜막도 기웃거리다가

묵묵부답

낙숫물 지면 낙숫물 지면

벌써 몇몇 방울은 토라져 갔겠다

집주인 뿌려진 빌뱅이 언덕 얼마간 낮아졌겠다

858-0808

권정생 선생 생전의 집 전화번호
콩팥이 안 좋아서 이마저 그런가 하며
팔어팔으 콩팥콩팥으로 외워둔 전화번호
돌아가시고 재단으로 기어코 살려왔다

거기 공판장이지요
난데없이 공판장 찾는 전화가
시도 때도 없이 걸려온다
전화번호를 괜히 살렸다고 투덜대다가
문득 공판장에서 몇 번인가 번호를 사겠다는
전화가 왔다던 선생 말씀 생각난다

선생은 어땠을까
공판공판 공판장 전화 수도 없이 받고 화를 냈을까
여일하게도 여기, 공판장 아이시더 했을까
그래서라도 사람 목소리 듣고 싶었을까, 아니면
기다리는 사람이 있었을까, 그도 아니면

사람들이 불편할까 봐서 그랬을까
그래 그러고도 남을 위인이지
마음을 다잡다가도 끝내는
공판공판이 아니고 콩팥콩팥이라니까요
덜컥 끊어버린다

나는 아직 멀었다.

임병호

임병호, 그는 평생 이 악물고 살았다
통혁당 김종태 선생의 처남인 까닭으로
중앙대 재학 중 고문을 당하고 학교를 등졌으며
해병대 제대하고는 시를 쓰며 살았다
몇 차례 자살 미수 후유증으로
바지에 오줌을 흘린 적 있지만 똥은 묻힌 적 없었다
준수한 외모는 약간 무너졌지만
서늘한 눈빛은 더욱 깊었다
어금니 무너지도록 이 악물고 살았다
한 번도 과거를 말하지 않았다
이 악물고 술 마시고
이 악물고 노래하고
이 악물고 시를 썼다
기가 차도 혀를 내두르는 일이
웃음이 나도 목젖을 보인 적이 없었다
밥과 안주를 먹는 것도 당연히 본 적 없지만
안 되는 말도 못 부를 노래도 없었다

시 낭송에 호통까지 이 악물고 했다
목젖이 떨리며 우렁우렁 울려 나오던 목소리
거리에서 시를 들려주는 동안
몇 권의 시집을 냈으며
늘 몇 잔 술에 명정에 들어 이 악물고 살다
몇 해 전 노동절에 이 악물고 죽었다

오월

흰 꽃 많은 오월
이팝나무, 불두화, 아카시아, 찔레꽃
인디언 아라파호족은 이런 오월을
오래전에 죽은 자를 생각하는 달이라고 불렀습니다

푸르기만 하던 나의 오월도
살면서
오래전에 죽은 자를 생각하는 달로 바뀌었습니다

하필 5·18 기념일에 돌아가신 아버지,
임병호, 박영근 시인, 권정생, 박경리 선생,
달력에 치는 동그라미가 하나둘 늘어났습니다

올해는 또 한 사람이 돌아가셨습니다.
5·18은 이제 어느 달력에나 있으니 안심하지만
내년 달력이 생기면
5월 23일에 동그라미를 하나 더 그려야겠습니다

오래 지날수록 더 그리워질 사람들의 오월
흰 꽃송이 더미더미 조문하는 오월입니다

어느 물푸레나무 시인의 죽음

그녀의 마지막 계절은 어땠을까
뿌리 뽑아 씻어 들고 서울 떠나 해남으로 간
물푸레나무 한 그루 처녀
여린 가지 곱게 빗어 넘기고
치맛단 잡고 개울 건너듯 뿌리 여며 쥐고
미황사 그늘 속 깊은 자궁으로 돌아간 물푸레나무
태어날 때 아픔은 어미 것이었지만
돌아갈 때 아픔은 온전히 자신의 몫이어서
뼛속 깊이까지 통점을 키운 물푸레나무
꽃이 피어도 몸이 아팠네
바람만 불어도 몸이 아팠네
낙엽이 지거나 눈이 내려도 몸이 아팠네
통점을 사랑해서 한 잎씩 따서 물었다네
통점을 사랑해서 한 뿌리씩 베어 물었다네

아플 때마다 용케도 마음이 나았네
꽃이 피어 아파서 마음이 나았네

바람 불어 아파서 마음이 나았네
낙엽 지고 눈이 내려 아파서 마음이 나았네
어느덧 그에게도 마지막 계절이 오고
아플 때마다 몸이 조금씩 사라지고 마음이 나았네
마지막 계절이 소진됐을 때
태아처럼 웅크리고 작아지던 그도 소진되었네
물푸레나무 한 그루 처녀
물푸레나무 한 꽃의 이이
물푸레나무 한 잎의 태아
최선을 다해 사라져갔네

엄마 아빠 노란 리본을 달고 계세요

―잊지 못할 단원고 250 꽃들을 그리며

엄마 아빠
부탁이 있어요
우리 없다고 이 나라를 떠나지는 마세요
우리는 죽지 않았어요
검은 리본은 싫어요
노란 리본을 달고 계세요
우리는 지금
천년의 장미를 찾아 수학여행 떠나는 길이에요
엄마 아빠도 아시잖아요
천년의 장미를 찾아 돌아오는 날까지
노란 리본을 달고 계세요
몸은 여기 두고 250개의 물방울이 되어
홀가분하게 떠나요
무사히 돌아오는 그날
엄마 아빠 안 계시면 우린 무척 슬플 거예요

우리에겐

더 이상 차가운 벽은 없어요
제주도에서 한 사흘 머물다가
쿠로시오 해류를 타고 알래스카로 갈 거예요
250마리 연어가 되어 뛰놀다가
북태평양 캘리포니아를 거쳐
엘살바도르 앞바다 적도 어디쯤
250자락 바람이 되어 북극으로 달려갈 거예요
250개의 오로라가 되어
흰곰과 썰매개랑 한판 춤을 출 거예요
한 개의 해님과 한 개의 달님에게 부탁해
기념사진도 찍을 거예요
250개의 낮 250개의 밤
서로의 주인공이 되어 동영상도 찍을 거예요

우리에겐 더 이상
차가운 유리창도 없어요
때가 되면 기다리지 않고

250마리 도요새가 되어 날아오를 거예요
세상의 해안선이란 해안선은 다 돌아
인도양으로 갈 거예요
250개의 눈 푸른 사파이어가 되어
난바다 노닐다
계절풍 건듯 불면
250마리 인도기러기가 되어 히말라야를 넘을 거예요
세상에서 가장 높은 산골 마을로 가
250마리 할단새가 될 거예요
어두운 밤 환한 아침을 부르는
250개의 노래를 부를 거예요
추운 겨울 따뜻한 봄을 부르는
250개의 이름을 부를 거예요
250개의 아침을 맞이할 거예요
250개의 봄을 맞이할 거예요
그날이 오면
250송이 천년의 장미는 따서 머리에 꽂고

250송이 천년의 장미는 따서 품에 품고
250개의 새털구름이 되어 날아오를 거예요

우리에겐 더 이상
차가운 천장도 바닥도 없어요
250자락 바람을 타고
250개의 낮과 밤을 지나
한반도로 돌아올 기에요
그때는 우리
단 한 개의 거대한 비구름이 될 거예요
그날은
크나큰 리본을 닮은 우리 한반도가
온통 노란색이었으면 좋겠어요
엄마 아빠 가슴에 단
노란 리본이 물들인 세상이었으면 좋겠어요
엄마들 아빠들이 바라는 그런 세상이었으면 좋겠어요
그땐 기다리지 않고

한 치의 망설임도 없이
250개의 빗방울이 되어 뛰어내리겠어요
엄마 아빠 노란 리본에 스며들어
천년의 장미를 피워드리겠어요
한반도 노란 리본 매듭에 스며들어
천년의 장미를 꽃 피워 올리겠어요

너희들은 죽지 않았다고
말해주세요
우리는 말 잘 듣는 아이들인 걸 아시잖아요
그래요 엄마 아빠
우리는 죽지 않았어요
그러니까 검은 리본은 싫어요
우리가 돌아오는 그날까지 노란 리본을 달고 계세요
이 땅을 떠난다는 말씀만은 말아주세요
우리는 꼭 돌아올 거예요
그러니깐 너무 가슴 졸여 기다리진 마시고요

같이 못 간 친구들에게도 너무 슬퍼하진 말라고 전해주
세요
　　지금 우리는 250개의 물방울이 되어
　　천년의 장미를 찾아 떠나요
　　잘 다녀올게요 잘 다녀들 올게요
　　엄마 아빤 다만 노란 리본을 달고 계세요
　　노란 리본을 달고 계세요

귀

기찻길 옆에 살 때 처음 한 달은
기차 소리 때문에 잠을 잘 이루지 못했다
기차가 지나가면 베갯머리가 흔들리고
귓바퀴에서 달팽이관까지 청룡열차가 달리는 듯했다

두어 달 나면서부터는
기차가 지나가지 않으면 잠을 이루지 못했다
이 시간이면 베갯머리 흔들려야 하는데
달팽이관으로 청룡열차 휘돌아 가야 하는데
조바심치며 기다리다 잠을 설쳐야 했다

서너 달 지나면서부터는
기차가 오는지 가는지 모르고
잠을 자고 싶으면 자고 깨고 싶으면 깼다
낯설면 모기 소리만 한 것에도 잠 못 들지만
익숙하면 북새통 속에서도 단잠을 자는 법
마음에 두지 않으면 무슨 소리에도 귀가 머는 법

그렇듯 나는 요즘 귀를 막고 사는 것은 아닌지
배고프다고 외롭다고 아프다고 보고 싶다고
누군가 나에게 끊임없이 신호를 보내오지만
못 듣는 듯 안 듣는 듯 사는 것은 아닌지
그렇듯 내 소리도 누군가 못 듣고 사는 것은 아닌지
우리 서로 그러고 살아가는 것은 아닌지

귓구멍에 말뚝 박았냐던
어릴 적 할머니 꾸지람이 새삼 아린 날들이다

제3부

거문도 동백나무

아궁이가 있었을 적
거문도 동백나무는 대체로 땔감이 되었다
세상 추울 때 꽃 피워 불 밝힌 것도 모자라
아궁이에서 온몸으로 꽃이 되었다

능호관은 아내의 영결사에서
아무리 추워도 꽃나무는 때지 않은 아내를 추모했다
측은지심 지키려는 마음 아내가 도와순 것이다

하나는 꽃의 마음이었고
하나는 사람의 마음이었다

감기약

이불을 뒤집어쓰고 낑낑 앓고 있으면 아배는
신시장 보신탕 골목에 다녀오라고
지전 몇 장 처방전인 양 쥐여주었다
약으로 먹으면 상관없다던 말씀은
불교도 미신도 아닌 비위 약한 아들놈 달래는 거였다

섬에서 소설 쓰는 친구 딸은
학교 급식으로 보신탕이 없는 게 섭섭한 쪽인데
어느 날은 중학교에 입학하여 갓 사귄 친구 집에 갔겠다
마침 마당에 뛰어노는 강아지 보고
햐, 얘 참 맛있겠다며 무심코 한 말을 누가 들었는지 어쨌는지
머지않아 초대받아 독상을 받고
그 식구들 보는 앞에서 천연덕스럽게 해치웠다는데

그 딸의 친구인 내 딸은
감기약으로도 도통 먹으려 들지 않으니

내 아배에게서 배운 부정을 쏟 기회가 없는 것이
아들놈 없어서 때 한번 밀어준 적 없는 것만같이 섭섭하여
감기 걸려 혼자 찾은 상주식당에서 소주 한잔 곁들인다

난

귓가에 쨍쨍 소리가 들리는 추운 날이면
난이 있는 밥상을 받고 싶어
안동 음식의 거리 낙원회관으로 간다

내장을 뺀 생태를 뼈째 난도질하여
무를 채 쳐서 고춧가루와 소금으로만 버무린
난이라는 이 반찬은 어릴 적 할매가 만들어주던 것으로
매큼하니 가끔 뼈가 씹히는 맛 그대로를
이 식당 아지매는 살릴 줄 안다

명태가 잡히지 않는 요즘에는 생대구를 쓰지만
첫사랑을 닮은 이름만큼은 그대로 난이어서
난— 하고 입속에 굴리면 그녀의 숨결 맛이 돈다

어매 없이 막 자랄 때 할매 밑에서 받아먹던
 이 못난 반찬을 그때와는 달리 뼈까지 맛들이고 있는 중이다

국화를 넣어 빚은 막걸리를 곁들이면 더없이 좋은 안주
도 되는
이 난이라는 반찬은 첫사랑만같이 나만 알고 싶어서
오늘도 혼자서 입맛을 다시며 찾아간다

겨울 무지개

무지개도 땅속으로 숨어든다는 小雪 아침
성에 낀 차 안에 고교생 딸내미 앉혀놓고
시디 케이스로 성에를 긁는다
창밖의 성에
휘휘 저어 긁어내면 꼭 그만큼 무지개 선다
무지개 속에 살아나는 딸내미

딸내미 지나온 길에도
성에가 끼어 보이지 않는 날 있었겠지
성에의 두께엔 아비의 몫도 있었으리라
남은 어린 앞길에도 성에 끼어 보이지 않는 날 있겠지
있다면 아비의 몫은 또 얼마일까
한순간, 긁어낸 성에가 내 마음속 얼음 무지개로 옮겨붙는다

딸내미는 보았을까 아비가 긁어 만든 무지개
그 무지개 속에 살아나는 앞이라는 길

딸내미는 보았을까 아비 가슴 깊이 숨어든 얼음 무지개
아비에게도 남은 앞이라는 길

우리 앞길에도
땅속으로 숨어든 무지개 돌아오는 날 있을까
무채색 무지개 만드는 겨울 아침
청명이나 곡우 같은 날들 생각하는 마음속 겨울 무지개
선다

아버지의 꼬리

딸이 이럴 때마다 저럴 때마다
아빠가 어떻게든 해볼게
딸에게 장담하다 어쩐지 자주 듣던 소리다 싶어
가슴 한쪽이 싸해진다
먹고 죽을 돈도 없었을 내 아배
아들이 이럴 때마다 저럴 때마다
아부지가 어떻게든 해볼게
장담하던 그 가슴 한쪽은 어땠을까

아빠가 어떻게든 해볼게
걱정 말고 너는 네 할 일이나 해
딸에게 장담을 하면서도 마음속엔
세상에게 수시로 꼬리를 내리는 내가 있다
장담하던 내 아배도 마음속으론
세상에게 무수히 꼬리를 내렸을 것이다

아배의 꼬리를 본 적이 있었던가

아무리 생각해도 아배의 꼬리는 떠오르지 않는데
딸은 내 꼬리를 눈치챈 것만 같아서
노심초사하며 오늘도 장담을 하고 돌아서서
가슴 한쪽이 아려온다 꿈틀거리는 꼬리를 누른다

겨울 물은 그렇게 흘러가는 중

겨우내 물은 죽으면서 천천히 흘러가는 중
가으내 땅속 깊이 스스로를 저장하지 못한
잉여의 물들이 제대로 죽어가는 시간

눈보라는 동천 여항을 떠돌던 물들의 시신
스스로 눈꽃 조화를 품은 조문 행렬
저장된 물들의 허묘에 상복을 입히는 시간

폭포는 투신하면서 동사한 물의 상장(喪杖)
언 강은 강철로 된 무지개*로 짠 관짝
만년설은 영면한 물로 기운 두건

겨울 물은 그렇게 죽어서도 천천히
아주 천천히 흘러가는 중
(도무지 사람 말고는 아무도 재촉하지 않는)
때가 되면 봄은
반드시 그 죽은 물을 써서 꽃의 형상을 지을 것이다

* 이육사의 시 「絶頂」에서 얻음.

잠자리

잠자리는 날개를 접지 않는다

그 가을 오후
들깻잎 뒤에 붙어 비를 긋던 잠자리
날개를 접지 않고 살짝 드리운 채
꽁지로 낙숫물 지던

풍찬노숙
후배위의 짧은 사랑
새끼를 슬거한 적 없는,
전생이 깃든 연못을 선회하며
후생을 의탁하는
저 뚜렷한 윤회

날개를 멱모(幎冒) 삼아 열반에 들었을
객사한 정황이 분명한
수많은 잠자리들의 무덤은 어디인가

사체를 본 적 없지만
끝끝내 날개 접지 않았을 것이다

호박에게 손을 준다는 것

한 구덩이
세 포기 호박이 길을 간다
서로 싸우지 않고 뿔뿔이
삼각형 꼭짓점을 향해 가듯, 정확하게
한 포기는 언덕을 오르고
한 포기는 두둑을 기어가고
한 포기는 한사코 고추밭으로 약진한다
자연스럽다만 어쩌랴
고추밭 넝쿨을 언덕 넝쿨 옆에 슬쩍 끼워 넣는다
이내 우왕좌왕하는 두 줄기

호박에게 손을 준다는 건
장정 한 키 참나무 가지를 잘라 누이고
넝쿨을 얹어준다는 것
참나무가 손이 되어
새로 생기는 호박 손 하나하나 부여잡고
길을 일러준다는 것

길이란 이런 것이다
길이란 이런 것이다
이내 푸르고 너르게 길을 찾는 호박 넝쿨
누가 누구에게 손을 준다는 건
누가 누구의 손을 잡는다는 건
저렇게 은밀해야 한다는 듯
꼭 잡은 손 가린 잎들의 시치미가 넉넉하다

고들빼기꽃

벤치 밑 고들빼기꽃 피어 있네
하늘 너무 낮아 허릴 굽혔네
꽃들은 하나같이 발밑을 보며 웃고 있네

비 한번 맞아본 적 없겠네
별 한번 쳐다본 적 없겠네
이슬 한번 매단 적 더욱 없겠네

그래도 쓰디쓴 사랑 품고서야 꽃 피었겠지
다음 생에는
빗속도 걸어보고
별빛으로 머리도 빗어보고
이슬엘랑 아침 해도 가볍게 담아보는 꿈도 꾸었겠지

벌써 몇몇 꽃송이는
야무진 바람 부는 날 기다려
홀홀 이사 갈 거라고

서둘러 솜털 옷 갈아입고 있네
갓 핀 것들은 철없이 웃고만 있네

호랑지빠귀 우는 밤

호랑지빠귀는 왜 우나
원고 마감 코앞에 두고 시는 없고
지나간 일기장을 들추다가
한 줄짜리 끼적거린 메모에 눈이 먼다
―기적 소리를 듣고 슬피 우는 새가 있다

내가 쓴 글일까
아니면 어느 책에서 옮겨온 것일까
출처도 없고
검색창에 물어봐도 딴전이다
취중에 쓴 글일까
머릿속 가슴속 다 뒤져도 낯선 이 문장

시 한 편은 참하게 감추고 울고 있는 것만 같은 새
슬쩍 깃털 하나 뽑아본다
―기적 소리를 듣고 슬피 우는 시가 있다

원고 마감 독촉 전화를 받고 진짜 시는 없고
하, 거, 참,
기적도 없는데 호랑지빠귀는 왜 저리 울어쌓나

최고 속도의 잠

사월 초파일 새벽의 잠이었다
순식간에
가로수를 들이받게 한 잠
할부 끝내고 돌아선 차 폐기할 것을 명한 잠
가슴에 깊이 핸들 자국 남긴 잠

장흥까지
남의 차 얻어 타고 강연 가게 한 잠
가면서 무용담 늘어놓게 한 잠
뒷자리에 앉은 문인수 시인이
최고 속도의 잠이라고 시 제목까지 지어주게 한 잠
박영희 시인이
최고로 비싼 잠이라고 덧붙이게 한 잠
주범인 나에게
최고로 가슴 아팠던 잠이라고 쓰게 한 잠

장흥 가는 길은 멀어라

시 노래를 틀자
문 시인은 최고 속도의 잠을 쉽게 청했고
박 시인은 최고 비싼 잠을 공짜로 얻은 듯 편안했지만
나는 세상에서 가장 가슴 아팠던 잠을 시로 쓰면서
여섯 시간 꼬박 뜬눈으로 가게 한 잠
그땐 눈뜬 꼴 못 봐주던 잠

그늘 고추

그늘에서 자란 고추는 키가 크다
햇빛을 찾아가는 필사적 성장이다
어쩌다 도시까지 팔려와
건물과 건물 사이 공터에 뿌리내린
그늘 고추는 잎이 너르다
짧은 햇빛을 조금이라도 더 받기 위한
결사적 확장이다
기를 쓰고 피운 터무니없이 작은 꽃 몇 송이
죽기 살기로 키워낸 풋고추 두어 개
하지만 좀처럼 달아오르지 않는다

물대포 장맛비에 기진맥진 항복이다
최후의 선택은 오체투지
쓰러진 키만큼 햇빛에 다가선다
그늘의 경계로 낮은 포복이다
좀처럼 붉어지지 않는 고추 지팡이로 선다

한 치 앞 햇빛이 쨍쨍하다
태양을 외면한 적 없는 해바라기 짱짱하다

꽃이 그려준 자화상

이 세상에서
네가 가장 예뻐하는 것이 네 전생이란다
그렇다고 손안에 넣지는 말아라
손안에 가두는 순간
후생에서는 그 아름다운 전생 다시 보기 어려울 것이다
가령, 꽃이라든지, 혹은 그 무엇이든지

지금 이 세상에서
네가 가장 미워하는 것이 네 후생이라면 끔찍하지 않니
후생에서 아름다운 전생을 두고두고 만나보려거든
제발 손안에 거두어 보듬어라
말하자면, 똥이라든지, 혹은 그 무엇이든지

모를 일 아니겠는가
꽃들의 세계에선 지금 네가 꽃일지, 미안하게도
꽃들이 쿵쿵대며 네 냄새를 맡고 있을지

하지만, 아마도 꽃들은 내가 다음 세상에는 없어서 나를 더 이상 못 그릴 것이라는 것을 미리부터 알고 있을 것이다 꽃들이야말로 내가 못하는 뿌리내리기를 터득한 지 이미 오랜 화상 아니겠는가

난독증
―안현미 시인

팽팽하게 당겨진 시위에 가볍게 걸터앉아 있는 화살

사과꽃에 아주 가벼운 나비가 지나가야 무거워지기 시작하는 사과

가벼운 딸을 버리고 바위를 가슴에 들인 어미

어미의 딸이 무거운 아들을 낳아서 혼자가 되어가는 사이

화살이 떠나고 시위가 제자리로 돌아가는 사이

한 마장 거리에서 무언가 떨어지거나 박히거나 굴러가는 소리

하늘이 세상을 읽는 소리거나 사람이 하늘을 받아쓰는 소리거나

결국 혼자가 되어가는 소리 내어 읽기, 아니, 울기

冬眠

잎 진 지 오랜 감나무 홍시 하나 남았다
까치가 집을 떠난 감나무 아래
청계댁 상여꽃 느린 그림처럼 지나가고
뒷산에서 왔는지
청딱따구리 날래게 감나무에 날아 붙는다
조심스럽게 톡톡 타고 올라가 머무는 곳이 홍시다

이윽고 청딱따구리는 날아가고
홍시는 어디 떨어진 적 없으니 아마도 날아간 것이 맞겠다
이제야 감나무 늦은 동면에 든다
곡소리 따라 짖던 개도 잠시 눈을 붙인다

제4부

병산 노을

쌍매화를 보러 갔다가 꽃은 못 보고
대숲 일렁이는 서쪽 너머
세상에서 가장 큰 꽃으로 지는 노을만 보았네
만대루 마루 가득 내려 쌓이는 노을 꽃잎만 보았네

쌍매화 보러 갔다가 꽃 그림자는 못 보고
그대 가슴에 사랑이 꽃으로 지는지
내 가슴 마루 가득 꽃물 들이고 우네
사라랑사랑 노을 물든 솔바람 소리
심장에 들이고 귀 기울여 우네

雨水

오늘은 늦은 점심을 해 먹고 뒷동산에 올랐습니다
춥고 바람은 아렸습니다
새로 생긴 무덤 두 개가 추워 보였습니다
마른 나뭇가지들은 겨울에도 주머니에 손을 넣지 않습니다

산 너머 마을까지 느릿느릿 걸었습니다
다 말라버린 것 같은데, 다 얼어 있는 것만 같은데
이게 무언가, 성질 급한 버들강아지 몇 마리
물기 없는 가지에 머리를 묻고 옹송그리며 저녁잠을 청하고 있네요

오늘내일 비는 당연히 돌아온다는 듯이 내리기라도 하면
버들강아지들은 머리를 털고 줄을 지어 냅다 달려갈 테지요

운람사(雲嵐寺)

구름 아래 산 아래 바람 아래
산은 하늘에 오르려다 구름 아래 쉬고
바람은 산 아래 머물려다 절에게 비켜 떠나네
바람 아래 살아가는 것은 오직 하나 사랑이어서
사랑 아닌 것들로 아픈 사랑이 몸을 부리고
바람 아래 꽃잎이 지고 낙엽이 지고
바람 아래 눈이 쌓이고 비가 내리고
사랑만 남을 대로 남은 사랑이 길을 떠나네
구름 아래 산 아래 바람 아래
그 아래

봉정사 영산암

응진전 외벽
인욕바라밀 수행하는 벽화 속의 용
인간들에게 잡혀
동아줄에 수염 묶인 채 끌려가는 용
갖은 고통과 모멸 속에서도 인내하며
귀여운 짓 하는 개처럼 귀를 붙이고 착한 눈 굴리며
반쯤 헤벌린 입에 불길은 어디 가고 침까지 헤헤 흘리며
철없는 애완견처럼
서푼어치도 안 되는 인간에게 질질 끌려가는 용
신통방통 여의주 세상 모든 탐진치를 여의는 데 쓰고
오직 인욕만 뜻대로 할 수 있다는 듯
질질 끌려가는 용의 꿈이 고작 인간으로 환생하는 것이
라니

전생이 용이었다는 석가모니
영취산에서 법화경을 설법할 때 내렸다는 꽃비
그 이름을 딴 우화루 아래를 지나

영산암 응진전 앞에 서면 간밤 비가 내렸던가
만발한 나무 백일홍 아래 용을 닮은 솔가지에도
스님의 발자국에도 낙화 다시 꽃으로 피어 있다

단천 마을

낙동강을 사이에 두고 적벽을 마주한 이 마을에는 개를 전혀 키우지 않는다는데 그 까닭으로는 우선 개를 가져다 놓으면 어쩌다 한번 짖은 자기 목소리가 적벽에 부딪혀 되돌아오는 소리에 놀라 더 큰 소리로 짖고 그러면 그 소리는 더 큰 소리로 돌아와 결국 개는 밤새워 자기 목소리와 싸우다가 지쳐 사흘 밤을 못 넘기고 죽어 나자빠지기 때문이라는데 사실 그보다는 사람들이 당최 시끄러워서 잠을 못 자기 때문이라는 설도 있다면 죽은 개들이 웃을지도 모를 일인 것은 섣달이면 숫제 강이 쩡쩡 얼어 몸 트는 소리가 밤새 쩌엉쩌엉 울려도 사람들은 쥐 죽은 듯이 잔다는 말씀.

안동 숙맥 김만동

　모 고등학교 국어과 김 선생은 담뱃갑 은박지 만 장 모아서 KT&G 복지재단에 갖다 주면 장애인용 전동 휠체어 한 대 기증할 수 있다는 정보를 입수하고 수집에 들어갔는데 그 마음이 갸륵하여 주변 사람들도 적극 동조하여 십시일반 모은 게 팔천 장 정도에 이르렀을 때는 국산 외국산 구별하는 감식력도 일취월장하여 삽시간에 분류를 해내는데 모두 혀를 내둘렀으나 의심 많은 어느 측근이 이상하게 여겨 그 회사에 문의를 해본 결과 낭설이었다는 정보를 전해주자 크게 낙담하여 그동안 도와준 주변 사람들 생고생시킨 게 미안해서 말도 못하고 차곡차곡 셈을 해서 쟁여놓은 팔천 장 은박지를 무슨 가보처럼 갈무리해두고 행여 이 소식을 전해 들은 회사 측에서 그 정성을 가상히 여겨 휠체어 아니라면 목발이라도 하나 보내주지 않을까 학수고대하며 전전긍긍하고 있다 한다.

안동 숙맥 흰둥이

　버드나무 마을 흰둥이는, 복날 주인 손에 끌려 나무에 매달린 채 주인에게 흠씬 두들겨 맞으며 곧 숨이 넘어갈 찰나 용케 줄이 끊어져 죽어라고 달아나는데 주인이 쫓아오며 다급하게 부르는 소리에 멈칫 돌아보고 달아나고 그러기를 두세 번 만에 그만 질질 오줌을 싸면서 박박 기면서 살래살래 꼬리를 흔들면서 피칠갑을 한 채 주인 발밑으로 기어든 흰둥이는 죽어서도, 암만, 의리를 아는 것이 개가 사람보다 낫지 암만, 주인 알아보는 것 봤으면, 끌끌, 쩝쩝대는 그 입으로도 분명, 손수 기어 들어갔을 것이다.

목련 장수

　이마 벗겨진 뻥튀기 장수가 리어카에 뻥튀기를 가득 싣고 가다가 리어카도 장사도 팽개치고 목련나무 올려다보며 폰카로 목련꽃 똥꼬를 열심히 찍으며 싱글벙글 뻥튀기를 사러 왔던 할머니도 할아버지도 뻥튀기는 제쳐두고 뻥튀기 장수 폰카를 기웃거리며 싱글벙글 뻥튀기 장수 아랫배는 점점 부푸는데 그 뒷전 지키던 리어카의 뻥튀기들은 목련나무 그림자에 누워 목련꽃 송이송이 째려보며 볼이 잔뜩 부어 있다.

자력갱생

　와룡으로 들어가는 길목 좌우로 남근바위와 치마바위가 마주 서 있게 된 까닭은 동네 여자들 극심한 바람기가 바람에 날리는 치마 형상을 한 바위 때문이라 하여 건너편 둔덕에 남근바위를 세워 바람기를 잠재웠다는 게 정설,

　自力更生, 70년대 대통령이 도산서원 가는 이 길을 특별 포장하며 그 치마바위 한가운데 또박또박 해서체를 새겨 넣었는데 그 뜻을 스스로 힘으로 다시 한 번 세워보란 의미로 확대 해석하는 자가 늘어날수록 마을 사람들 가슴은 타 들어갔지만 다 나랏일이라 벙어리 냉가슴 앓으며 끙끙대기만 했다는 낭설 또한 만만찮았는데,

　근자에 들어 도로 확장 공사를 하다 남근바위가 무너지자 동네 사람들이 들고 일어나는 바람에 반년 동안 공사를 중지한 채 남근을 바로 세우고 공원을 조성하여 치성을 드린 후에야 공사를 재개할 수 있었다는 게 또한 정설이고 그 탓에 수풀 무성한 곳에 매복해 있던 남근바위가 민둥민둥

한 잔디밭에 달랑 올라앉은 격이 당최 어린 놈 뭣 같아서 바람기를 잠재울 수 있을까 걱정이 태산이라는 게 또한 낯설 짜한,

    자력갱생을 잊은 용이 아직도
    발라당 누워 있다는 내 고향 와룡아
    언덕이 아름다워 가구리라는 외딴 골짝아
    봉긋봉긋 어매 아배 누운 지도 한참인 둔덕
    망부석 세우지 않는 까닭은 나만 아는 전설이란다.

발뺌

방송사 부장이자 겸업 자원봉사로 시인지 만드는 이도윤 시인 작업실에서 노래하는 백창우와 날밤 지새우며 술 마시다가 이 시인은 그대로 출근하고 우리는 깜빡 잠에서 깨어 집을 나서려는데 기이하게도 백 가수의 왼쪽 샌들은 있고 오른쪽 샌들은 행방불명인데 더 요상한 것은 왼쪽 샌들 옆에 시인의 것으로 추정되는 왼쪽 구두만 남아 샌들과 짝을 이루려고 무진 애를 쓰고 있는 것을 발견하고는 그만 짝짝이 신은 시인 모습 떠올라 포복절도 눈물까지 찔끔거렸다는 사실,

정신 차린 가수는 왼쪽 샌들과 왼쪽 구두를 한 몸에 신기는 좀 그래서 파란 욕실 슬리퍼를 끌고 집을 나서 그날따라 하필 약속이 줄을 선 홍대 앞을 쓸고 다니며 홍대 패션이라고 우겼다 하고 시인은 방송사 책임 있는 고위직답게 정시에 출근해서 근무하는 도중 후배 직원들의 지적을 받고 즉시 당황 발뺌하느라 밤새 공들여 마신 술이 그만 다 깨고 말았다는 후문.

지천명

눈이 멀어진다는 것은 가까운 것을 안 봐도 된다는 것*
돋보기나 라식으로 굳이 볼 필요 없다는 것
일테면 책이라든지 손금이라든지

귀가 멀어진다는 것은 가까운 것을 안 들어도 된다는 것
보청기라든지 귀에 손을 댄다든지 해서 굳이 들을 필요 없다는 것
일테면 속삭임이라든지 귀엣말이라든지

몸도 하늘의 뜻을 알아서 멀어지는데 하물며 마음인들

눈이 멀어지면 마음도 멀어지라는 것
귀가 멀어지면 마음도 멀어지라는 것

---

* 블로그 '以道療病' 글에서 내용 인용.

南原行

조문 가는 봄밤 소복 입은 달도 따라나서네

처녀는 아버지를 잃고도 울지 않네
동생들 다독이느라 울지 않네
실감 나지 않아서도 그러는 거네
무거운 짐은 가볍게 지는 거가 맞네

빈소 앞에서도 사랑스런 눈동자를 찾는 이가 있네
삶과 죽음은 늘 한자리
어디나 향내도 있고 향기도 있네

처녀는 아직 모르는 거네
살아가면서 다시 볼 수 없는 사람들이 자꾸 생겨나는 것을
알면서도 모르는 척하는 것이 아니네 모르는 것이네
죽을 때까지 모르는 것이 맞네

산다는 것은 숨을 쉬는 것이네

죽는다는 것은 숨을 오래 쉬는 것이네
별 차이 없는 것이네
슬프면 국밥을 앞에 두고도 흑흑 사무치네
숨을 두 번 들이쉬고 두 번 내쉬는 소리라네
망자 몫까지 숨 쉬느라 그러는 거네

돌아오는 길에도 달이 따라붙네
좀은 피곤한 듯 갈 때보다는 자꾸만 걸음이 더뎌 보이네

구색

―술자리에 시인 친구 하나는 있어야 구색이 맞지
요즘 더러 듣는 이야기

젊은 시절 시나 시인은 구색도 아니었다
시 쓰는 아들 두고 싶지 않다던 아버지
시 쓰는 사위 보고 싶지 않다던 애인의 아버지

살면서
돈이나 권력이나 명예 같은 건 씨 뿌린 적 없으니
가꿀 일도 없었고 거둘 것은 더욱 없는 게 당연

―시인이 무슨 돈이 있어
요즘 더러 듣는 이야기

술값 내는 데 늘 벗들에게 밀려가며
쓸모없는 시나 시인을 붙들고 살아서
이제 겨우 술자리 구색으로 말석을 얻었다

삼십 년 걸렸다

이상한 女子

지구의를 선물하는 女子
별자리가 염소자리 끝자락인 女子
전원을 넣으면 별자리가 돋아나는 지구의를
하느님처럼 자전시켜보는 女子

전생이 전사였다는 거의 물병자리 앞자락인 女子
지구가 별이라는 것을 좀 더 어린 시절에 알았더라면
참 좋았을 것이라고 말하는 女子
지구별에 돋아난 별자리를 돌리는 女子

아이들에게 지구가 별이라는 사실을 알려주는 女子
밤이 되면 사람들도 저마다 별로 뜬다는 女子
염소자리 떠나 물병자리 앉은 女子
지구에 물을 대는 女子
별자리들이 내려앉을 푸른 물별을 가꾸는 女子

발문 · 시인의 말

발문

처음인 양 재생되는 오래된 사랑

김해자 시인

1

짧은 시만 쓰고 살기엔 장딴지 허벅지가 지극히 튼튼하고 지그시 앉아 꽃만 바라보고 있기엔 다리가 너무 긴 남자가 쪼그리고 앉아 작은 꽃을 바라보고 있다. 왜? "쪼그리고 앉아야만 볼 수 있는 꽃의 얼굴과/ 아주 오래 아득해야만 볼 수 있는 나무의 얼굴"이 거기에 있기에(「얼굴」).

그만하고 가자고
그만 가자고
내 마음 달래고 이끌며
여기까지 왔나 했는데

문득
그 꽃을 생각하니

아직도 그 앞에 쪼그리고 앉은
내가 보이네

_「늦가을」 전문

시와 자신의 얼굴을 겹쳐 살기 30년, 지천명에 들어선 지금도 '그 꽃' 앞에 엎드려 공부 중인 남자가 있다. 하도 오래 들여다보니 시선만 교환해도 애무하는 경지고 심지어 꽃이 그의 자화상도 그려준다. 육체라기엔 너무 여리고 덧없으며 정신이라기엔 너무 욕심 없고 무력한 이 작은 꽃이 말없이 내 앞에 피어 있다는 것은 기적이자 신비다(내가 알기에 꽃은 1억 1,400만 년 전 이 행성에 최초로 얼굴을 나타냈다).

지금 이 꽃이 과거에 피어 있던 그 꽃이어서 수없이 바라보며 맨 처음인 양 접속하기. 과거에 나와 한 몸이던 그 꽃을 현재에 불러내어 나 혼자만이라도 지난 향기를 사랑하기, 현존하는 고요한 대상을 통해 아름다웠던 한순간을 재생해내기, 하여 더 이상 이별과 분리 없는 순간에 이르기. 온몸으로 꽃인 내 앞의 꽃을 바라보는 동안은 나도 온 마음으로 꽃이다. 꽃 앞에 선다는 것은 과잉이다 못해 짐이 되어버린 지나친 물량과 속도가 강제하는 이 피로한 문명의 질주에서 뛰어내리는 순간이다. 괴물이기를 멈추고 문득 정신이 들어 그 짐을 벗어버리는 장소다. 존재를 지탱해주지만 자주 중력에 사로잡힌 짐이 되어버리기도 하는 육체로부터 없음과 소멸로 가뿐하게 이동해버리는 꽃은 아름다움의 성소이자 찰나의 빛이다.

바람 몰아치는 거리에서 처음 접선하던 날 검고 긴 바바리 하나가 펄럭이며 내 앞에서 멈췄다. 비밀 조직의 2, 3인자 정도 되어 보였다. 잠시 후 불빛 아래 그의 준수한 옆모습이 드러났다. 어디 먼 데를 바라보는 시선으로 구수한 경상도 사투리를 읊조리는 걸 듣자니 어디 컴컴한

카바레에서 '누부야'들께 스텝을 가르치던 전생이 있지 않았나 싶었다. 시로는 한참 선배뻘이지만(습작기 시절 나는 그의 『중앙일보』 등단작을 학습 교재로 읽었다). 6개월 차이로 한 살 위가 된 육체 연령 때문에 그는 나를 누나라 부른다. 0.5초 후에 6개월을 이어 붙이는가 하면, "누나…… 거기 눈 와? 누나 여긴 눈 안 와", 아꼈다 눈 오는 날만 그 호칭을 쓰지만, 가끔 존경할 만한 태도를 보이기라도 하면 누부야로 승격된다.

안상학 시인은 내가 아는 사람 중에 가장 나긋하고 부드럽게 경상도 사투리를 구사할 뿐만 아니라 웃음소리조차 안동스러운 리듬을 지녔다. 그를 보면 인간이 무언들 못하고 무언들 안 할 것인가 싶어진다. 글씨는 수준급이어서 '안동 숙맥전'을 열기도 했고, 낚시한 어물로 회를 먹다 느닷없이 초고추장으로 갯바위와 '와리바시(나무젓가락)' 껍데기에 유려한 글그림도 새겼다. 제법 봐줄 만했다. 언제 일하고 언제 술 마시고 그 많은 시를 어찌 다 외웠는지 좋은 시를 줄줄이 다 왼다. 남의 시 닝숑 흉내도 갈 낸다. 눈을 감고 들으면 죽은 배석이 살아 왔나 싶기도 하고, 아직 살아 있는 박남준 시인이 왔나 싶어진다. 운전 솜씨도 수준급이다. 다리 하나는 운전대 옆에 모셔두고 발 하나로 꽃 이름 가르쳐주며 남근바위 역사를 설명하며 달리는 수준이다.

그가 어느 날 꽉 갑자기 죽어버리기 전에 꼭 배워둬야 할 것 중 하나가 탬버린이다. 한 손에 하나씩 들고 유연하게 돌리는 손목과 앞뒤로 스텝을 밟으며 엉덩이와 옆구리를 동시에 쳐대는 탬버린 공연을 따라 하다 허리를 삘 뻔했다. 그는 12간지 헤아려 사주도 잘 본다. 혀 깨물고 죽을지언정 동지 이름은 절대로 불지 않는 송곳 같은 신금 성격을 지녔다거나, 사방에서 파도치는 외로운 섬이라거나, 일 년에 물 몇 모금 먹고 천천히 자라는 바위 위 소나무라거나 풀이를 해주면 오호라 그래서 그렇군, 일제히 허벅지를 침과 동시에 쨍 소주잔을 부딪치게 된다. 바바리가 잘 어울리는 것처럼 양복도 잘 어울리지만 평생 잠바때기나 걸치고 남의 일 거들고 받들며 산다. 하긴 그게 시인이다. 하여간 못하는 것도 없고 안 하는 것도 없으니 꽃 어쩌고저쩌고 하는 짧디 짧은 시만 쓰고 살기엔 너무 아깝지 않은가.

2

오래전에 나는 썼다.

안상학 시의 서정은 대체로 '오래된' 것에 뿌리를 두고 있다. "그나 나나 너무 오래 서 있어서 이젠/그 무언가를 잊어버린 듯" 사랑도 나이를 먹었다 (「오래된 사랑」). 하지만 아직도 어깨를 겯고 싶어 하는 사랑과 함께 나를 부르는 존재다(「오래된 엽서」). 오래된 것은 오늘의 것일 수 없으며, 오늘은 오래될 수 없다는 점에서 둘은 명백히 모순된다. 그러나 지나간 무언가를 잊거나 폐기할 수 없으며, 오래된 그 어떤 것이 소멸하지 않고 다른 존재로 변하기를 한사코 거부하는 한 그것은 과거가 아니다. 더욱이 '오래된 것'이 단지 지나간 것에 대한 낭만적인 향수로서가 아니라 오늘 내 몸과 정신의 어떤 영역과 끊임없이 교통하고 교환될 때 오늘로서 환생한다.

그가 내온 시집 제목만 보아도 한결같이 오래되고 낡은 것들뿐이다. 『안동소주』와 『오래된 엽서』가 그렇고, 『아배 생각』만 해도 아배는 이미 땅속 뿌리로 숨으신 지 오래다. 오래다다 못해 현상계에서 이미 사라진 것들조차 살려내 되씹고 쓰다듬는 시인. 시선이 곧 사랑이라면, 전생을 넘나드는 붉은 바위나 천년을 오가는 제비원 미륵불, 강 이쪽과 저쪽 사이 아득해진 거리를 둔 고산정(孤山亭)이나 고탑처럼 변함없이 한자리를 지키는 돌부처들이 안상학 시인이 사랑하는 것들 아닌가. 『오래된 엽서』 이후 10년, 『아배 생각』 이후 6년, 딱 그만치 육신이 늙어가는 동안도 여전히 '그 사람 하나 기다리는' 붉은 마음을 본다.

그때 나는 그 사람을 기다렸어야 했네
노루가 고개를 넘어갈 때 잠시 돌아보듯
꼭 그만큼이라도 거기 서서 기다렸어야 했네
그때가 밤이었다면 새벽을 기다렸어야 했네
그 시절이 겨울이었다면 봄을 기다렸어야 했네
연어를 기다리는 곰처럼
낙엽이 다 지길 기다려 둥지를 트는 까치처럼
그 사람이 돌아오기를 기다렸어야 했네

해가 진다고 서쪽 벌판 너머로 달려가지 말았어야 했네
새벽이 멀다고 동쪽 강을 건너가지 말았어야 했네
밤을 기다려 향기를 머금는 연꽃처럼
봄을 기다려 자리를 펴는 민들레처럼
그때 그곳에서 뿌리내린 듯 기다렸어야 했네
어둠 속을 쏘다니지 말았어야 했네
그 사람을 찾아 눈 내리는 들판을
헤매 다니지 말았어야 했네

그 사람이 아침처럼 왔을 때 나는 거기 없었네
그 사람이 봄처럼 돌아왔을 때 나는 거기 없었네

아무리 급해도 내일로 갈 수 없고

아무리 미련이 남아도 어제로 돌아갈 수 없네

시간이 가고 오는 것은 내가 할 수 있는 게 아니었네

계절이 오고 가는 것은 내가 할 수 있는 게 아니었네

그때 나는 거기 서서 그 사람을 기다렸어야 했네

그 사람은 돌아오고 나는 거기 없었네

_「그 사람은 돌아오고 나는 거기 없었네」 전문

  끝없이 돌아다니며 찾아 헤매는 자를 고기로 치자면 행어라 부른다고 벗의 소설에서 배웠다. 반대로 누군가의 손아귀에 붙들리기 전까진 그 어디도 갈 수 없는 따개비라든가 홍합, 물결 따라 흔들리고 숨 쉬며 죽음의 손길이 닿는 순간까지 생명의 길이를 늘려가는 미역이라든가 파래라든가 나무와 꽃들의 운명은 행어와 다를 것이다. 인간은 뿌리내리기를 간구하면서도 감옥에 묶이길 바라지는 않아서 홍합이면서 동시에 멸치일 수밖에 없지 않은가.

  아름다운 꽃을 꺾어 나의 소유로 만들기를 거부하는 자는 마음속에선 품고 현실 속에선 이별할 수밖에 없다. 다르고 다른 존재의 운명을 다 받아들이면서 어긋나버린 인연에 대한 통절한 회한 덕에 이 아린 사랑 시는 완성되지 않았겠는가. 마음은 각자의 것이라서 이별과 상실과 죽음조차도 어쩌지 못하는 한 존재가 안고 가는 사랑과 통증의 그램 수를 누가 잴 수 있으랴. 그러니 전생과 후생을 넘나드는 시인의 축지법을 탓해서는 안 되겠다.

3

내가 본 웃음 중 가장 유연하게 굴러가는 통쾌하고 특이한 웃음소리를 지닌 안현미 시인은 안상학 시인을 '상하기'라 부른다. 이번 시집 원고를 10여 차례 읽다 보니 과연 늘 공부만 하는 상학이가 아니라, 늘 다치고 상처받는 상하기가 맞는 것 같다. 하얀 김이 줄지어 나오는 밥통이 아무리 의자처럼 보여도 아이들은 그곳에 앉지 않는다. 모든 시인이 다 그렇지는 않지만 좀 살 만할 즈음이면 난로를 가까이해서 천천히 다리를 익혀 "저온 화상"을 입는다거나 "최고 속도의 잠"으로 가로수에 차를 부딪혀 죽음 근처까지 다녀오든지 하여서라도 고통을 제 몸에 초대하는 이상한 자들도 이 행성에는 제법 있다. 제 감각에 상처를 내어 뼈만 남은 정신으로 침잠하는 의식을 육체와 기어코 접속시키고야 만다.

따뜻한 너를 너무 오래 가까이해서
천천히 익어버린 정강이의 상처를 어루만지면서
나는 내 마음에도 무엇을 오래 가까이해서 생긴 상처들이
여러 군데 있는 것을 알았다

(중략)

따뜻하기만 했던 상처의 주인들도 모셔다가
중재를 시켜주고도 싶다는 생각이 든다
전기난로를 아주 가까이는 마주하지 않으면서
뜨뜻미지근하게 쳐다보기만은 하면서

그럴 수 있다면 그럴 수만 있다면 하면서 손을 쥔다

_「저온 화상」부분

밧줄이든 끈이든 너무 세게 잡으면 아프다. 아무리 여리고 부드럽고 따스한 것일지라도 오래 잡고 있으면 역시 흔적이 남는다. 고통은 대상과의 접촉에서 생긴다. 상처를 통과하고 나면 흉터가 남는다. 상처가 견뎌야 할 고통뿐으로 느껴지는 한 대상을 진지하게 꽉 잡을 수 없다. 대상과의 접촉이 상처뿐으로 남는 자는 내 몸과 마음에 찍힌 흉터 즉 꽃을 오래 바라볼 수 없다. 시인은 제 몸에 핀 꽃을 가지고 노는 자다. 시를 쓰는 몸과 시로 흘러드는 말은 어떻게 완성되는가. 소신공양을 연습하여 고통과 하나 됨으로써? 쉴 새 없이 화끈거리는 내 몸을 통해 타자의 고통에 접속됨으로써? 더 진하게 아픈 곳으로 흘러가는 세포막의 삼투압을 통해 나라고 불리는 막이 점점 희미해지고 나라는 영역이 넓어지다, 추상이었던 세계의 거대한 육체를 마침내 대등한 육과 육으로 끌어안게 되는가. 아무리 사랑해도 내 옆, 내 앞의 대상은 끝내 타자일 뿐이지만 주관의 통증을 통해 타자들은 한 찰나 서로 넘나들 것이다.

역시 공짜는 없다. 겪을 만큼 다 겪고 나야 깨달음도 올 것이다. 후회와 회한과 절치부심을 몸으로 겪어내야 용서와 중재로까지 나아갈 거 아닌가. 이를 갈고 눈을 부릅뜨기엔 안상학 시인은 너무 유정하다. 이 모든 흔적들을 다 모시고 껴안고 다른 세계로 넘어가는 시인은 이제 "나는 눈 어두운 내 사람의/일정한 보폭을 가진 눈만이라도 좋다/적절한 마음을 가진 눈만이라도 좋다"(「맹도견」)라고 고백한다. 적절한 마음과 적당한 거리를 유지한 채 그의 눈이 되는 것만으로 만족하는 경지에 도달했음을 의미할까. 그러한 지경까지 이르게 한 건 외로움이었을까 상처였을까? 저온 화상으로 검보랏빛이 된 털이 부숭부숭한 왼 다리를 보여준 지 얼마나 됐다고 그는 일 년도 채 못 채워 오른편 다리를 들어 올렸다. 부위는 작지만 저온 화상 자리가 검붉었다. 치사량에는 못 미치는 상처 내기를 반복하면서 아직 그는 살아 있다. 그렇다면 자기를 상하게 하는 자는 남도 '상하게' 할까? 아니면 세상의 아픔을 대신 짊어질까? 총량 일정의 법칙이 맞는다면 내가 아파서 누군가의 아픔이 적어도 몇 그램은 줄어들어야 하지 않는가.

    권정생 선생은 평소 자신의 몸 상태를
    멀쩡한 사람이 쌀 석 섬 지고 있는 것 같다 했다

    개구리 짐 받듯 살면서도
    북녘에서 전쟁터에서 아프리카에서
    굶주리는 아이들 짐 덜어주려 했다 그리했다

    짐 진 사람 형상인 어질 仁
    대웅보전 지고 있는 불영사 거북이
    짐 진 자 불러 모은 예수

    세상에는 짐을 대신 져주며 살았던 사람들이 있다
    그들의 삶은 하나같이 홀가분했다

                                    _「쌀 석 섬」 전문

안상학 시인에 의하면 "세상에는 칼을 밖으로 휘두르는 사람들과 안으로 들이대는 사람들이 있다". 두 부류가 싸우면서 살아가는 공간이 이 지구별이란다. 하지만 "밖으로 휘두르던 칼끝을 돌려 자신에게 향하는 사람들"도 있고 "안으로 들이대던 칼을 뽑아 밖으로 휘두르는 사람들" 즉 별종들이 있기 때문에 지구가 아직 망하지 않고 있단다. 하지만 그가 가장 옹호하는 자는 "바로, 보이지 않게, 없는 듯 있는 듯 살아가는 부류의 사람들"이다. 맨손인 이들, 그냥 두면 자신의 가슴에 비수가 있는지도 모르고 죽을 때까지 그렇게 살았을 사람들이 학살당한다. 그리고 떨쳐 일어서 평화를 가장한 평화의 칼에 죽는다(「평화라는 이름의 칼」). 동감한다. "칼날로 푼 밥 앞에 입을 벌리고 있는" 작금의 우리들 세상에서 칼 대신 누구나 숟가락 하나 정도는 사수하는 세상이 되기를. 그러니 섣부른 화해와 용서 대신 "날카로운 어금니를 기르고/매서운 발톱을 세우는 것이 훨씬 평화에 가"까울지 모른다(「팔레스타인 1,300인」).

가난하고 아픈 자, 삶 속에 죽음이 파고들고 사랑 속에 이별이 겹쳐지는 이 지상적 제약을 넘어 전혀 다른 두 삶이 하나로 문득 합쳐져 시의 말로 흘러내리게 하라. 이왕 우리 앞에 앉아 있는 불화와 고통을 골똘히, 지치지 말고 한결같이 바라보라. 지금 여기를 벗어나 그 어디에 구원과 은총이 있을 것인가. 지리멸렬한 삶, 평화와 제도와 선의와 진보라는 이름으로 학살을 진행하는 현실 뒤에, 속에, 밑에, 뿌리 속에 눈부신 빛이 숨어 있음을 믿고 쪼그리고 앉아 그의 얼굴이 나타날 때까지 한정 없이 바라보는 자에게 이 고통과 절망의 시간은 고통을 통해 고통을 넘어서는 환생의 순간이 아니겠는가.

4

안상학 시인은 발밑과 허공을 동시에 바라보는 자다. 뿌리와 허공을 잇는 것은 발바닥이다. 머리 대신 바람 아래 오래 걸어온 부르튼 발을,

말하는 입 대신 듣는 귀를 옹호하는 자는 세상의 뿌리를 공경하는 자다. 나무와 꽃과 풀은 "내 발밑"만큼은 잊지 않겠다는 듯, 모두 발밑만 보고 있다. 발밑은 "신성불가침 구역"이자 적어도 "두 발 아래 학살까지도 책임질 줄 아는 단독자"(「발밑이라는 곳」)다. "발밑을 잠시 버리고서야 사랑을 나"눌 수 있는 모순을 감당하는 자다.

> 아배 어매가 이 세상에 나를 낼 적에
> 텃밭의 봉숭아
> 꽃밭의 잡초로 내지는 않았겠지만
> 내 뿌리는 아직 허공이다 끝내
> 허공에다 뿌리내린 거라 생각한다
>
> _「뿌리」 부분

뿌리는 낮고 낮은 것 중 가장 깊은 어둠, 허공은 잡을 수도 도달할 수도 없는 아주 오래 아득한 곳, 뿌리 밑에 존재하는 어둠은 내가 만질 수 없는 저세상의 빛, 이 세상의 모든 허공은 저세상의 길이다. 저 머나먼 "하늘도 바닥이 있다." "하늘 바닥에 닿을수록 팽팽하게 넘어가는 오르가슴"이 있다. 빨래를 널기 위해 세워놓은 바지랑대가 허공을 바닥으로 삼고 "일점 결속으로도 충분히/하늘을 바닥으로 깔 자격이 있는/꼿꼿하고 팽팽한 사랑"(「바지랑대」)을 완성하고 있다. 존재의 뿌리를 허공에 둔 사랑은 크다. 일점 결속만으로도 강하다. 그러니 그 큰 사랑이 백 년 안에 완성될 리 있겠는가. 허공은 없는 것, 피안, 본질, 아직 당도하지 않은 미래의 불꽃 아닌가.

> 심장이 아프면 발바닥 혈을 누른다

꾹꾹 누르면 심장인 듯 통증이 인다

지압을 하면서 나는 중국의 어느
한쪽 팔이 없는 발레리나와
한쪽 다리가 없는 무용수가
짝이 되어 한 몸인 듯 추던 춤을 떠올린다
심장이 아파도 같이 아플 발이 없는 사내
발이 있어도 같이 주무를 손이 없는 계집
서로의 손과 발이 되어 통점을 어루만지는
둘이서만 출 수 있는 그 춤을 떠올린다

나는 오늘 지압을 하면서
심장이 아프면 같이 아파주는 발이 서러워
혈을 누르는 손도 함께 서러워
혼자서도 기가 막힌 독거를 되새긴다
심장이 아프면 심장혈도 아픈 한 몸의 동거를 곱씹어본다

심장을 주무를 수 없어서 심장혈을 대신 꾹꾹 누르다가
나는 어느 결에 자꾸 마음이 아파와
발바닥 어딘가에서 같이 아파할지도 모를 마음의 혈을 짐작해본다.

_「지압」 전문

시인의 동거자는 날개가 하나뿐이어서 혼자서는 날지도 못하는 비익조, 어디 마실 갈 수도 없는 고들빼기꽃, 호랑지빠귀 울음, 노래 그치고 열반한 귀뚜라미, 그늘 고추, 겨울 물, 눈, 바람, 천 갈래 만 갈래 내

리는 우수, 독한 담배, 소주, 라면…… 가난과 독신을 몹시 좋아하는 건 허기와 추위, 이들은 동시에 찾아온다. 그런 밤이면 자기 살을 '애인의 것인 양 감싸기도 하고 감싸여도' 볼 게다(「내 한 손이 내 한 손을」). 평생 노래 부르다 죽은 귀뚜라미의 사체를 유심히 보다 "유난히 부은 허벅지. 손이라도 올릴 수 있다면 밤새 주물러주고 싶"어지기도 할 게다(「가을밤」). 외로움은 힘이 세다. 스스로를 애무하고 위무하는 지경에 이르게 한다. 기껏 1밀리 피부 거죽 하나 차이로 엄연한 타자가 된 대상에로 자기도 모르게 흘러들게 한다. 체온을 나누고 싶다는 것만으로도 하나 됨의 사건이 벌어지게 하는 위력을 지녔다. 그리하여 한 호흡 깊은 숨 들이쉬다 보면 살 만할 게고, 그러면 다시 걷고 그 길은 세상으로 이어지리라.

5

이 시집에는 이상한 사람들이 많이 출연한다. 앙숙인가 하면 친구고, 숙맥인가 하면 현자에 가까운 서로 다른 사람들이 모여 관계를 이룬다. 이 다른 것들의 마주침으로 마당은 흥겨워지고 밭은 활기를 띠며 세계는 풍요로워진다. 보신탕을 좋아해 "마당에 뛰어노는 강아지 보고/햐, 애 참 맛있겠다며 무심코" 말한 친구 딸과 "감기약으로도 도통 먹으려 들지 않"는 시인의 딸처럼 사람들은 다 다르고 이상하다(「감기약」). 그렇게 다른 그 딸들은 전라도 말로 '아삼류'이다. 그 딸들의 아비들 또한 아삼류이다. 하난 짧은 시를 하난 긴 소설을 쓰고, 하난 바다가 먼 내륙 골짝에 하난 바다로 가로막힌 섬에 산다. 글만 쓰기엔 아까울 만치 떡대가 좋고 순박한 촌놈에다 손님을 지극히 대접한다는 것 빼고는 공통점이 없지만 이 딸들의 아비들은 지음의 벗이다. 호박 넝쿨처럼 필요할 때 잠시 손을 잡아주면서 각자 언덕으로 두둑으로 고추밭으로 제 갈 길 가야 길이다. 손을 잡아주면서도 '꼭 잡은 손 가린 잎들의 시치미처럼 은밀하고 넉넉해야' 진짜 벗이다(「호박에게 손을 준다는 것」).

> 권정생 선생은
> 어매로 눈뜬 삶 어매로 눈감았다
> 젖을 찾을 수 있을 때도 어매를 불렀고
> 젖을 찾을 수 없을 때도 어매를 불렀다
> 젖내를 찾아
> 처음 허공을 젓던 조막손, 마지막 늙은 손
>
> _「어매」 부분

내가 알기로 안상학 시인은 돌아가신 권정생 선생의 양아들이다. '아배 생각'으로 시집이 나왔으니 아배만 두 분이다. 뿐만 아니라 어매도 3.5인 정도 되는 걸로 안다. 어매는 젖이자 자애이자 구원. "젖을 물릴 수 있어서 기쁜 사랑 慈/젖을 물릴 수 없어서 슬픈 사랑 悲", 그렇다면 기쁨과 슬픔의 두 얼굴을 가진 것이 사랑인지 모른다(「어매」). 어매는 배고플 때 먹을 것, 라면이자 순두부이자 '난'이기도 하겠다. 처음이자 마지막으로 부른 어매, 그래서 그립고도 아픈 것이겠다. 어릴 적 어매 잃고 다 커서 누이를 잃은 통한의 세상에서 시인에게 죽음은 더 이상 자비로울 필요가 없는 육신의 종말이자 이별이자 울음이자 웃음이기도 하겠다. 최선을 다해 사라지는 것, 점점 놓다가, 점점 작아지다가 사라지는 것, 최선을 다하는 동안은 사랑도 죽음도 어매의 품속으로 받아들여지겠다.

허나 세상의 모든 아배와 어매들은 살아 있는 동안 "아빠가 어떻게든 해볼게" "장담을 하면서도 마음속엔/세상에게 수시로 꼬리를 내"린다(「아버지의 꼬리」). 얼음 무지개를 가슴 깊이 품고 "땅속으로 숨어든 무지개"(「겨울 무지개」)를 기다리는 게 어미 아비만이겠는가. 줄 수 있어서 기쁘고 해줄 수 없어서 슬픈 것, 제대로 된 관계라면 다 그렇지 않겠는가. 하지만 슬픔과 기쁨이라는 양팔을 가진 모순을 사는 동안은 앙숙이 되기도 한다. 어느 신부님은 어려서 배가 고파 손바닥만 한 땅이라도 있으면 채소를 키우고, 어느 작가는 어려서 아파 아무리 풀이 우북해도 뽑지 않고 다 약으로 쓰는 앙숙이지만 평생 친구고, 그들의 친구인 농민 운동가는 아내의 꽃밭을 갈아엎어 텃밭을 만들고 그의 아내는 남편이 집을 나가면 텃밭 갈아엎어 꽃밭을 만든다(「앙숙」). 아무리 추워도 꽃나무는 때지 않았다는 여인네처럼 꽃의 마음과 측은지심을 지키려는 사람의 마음을 함께 사는 동안 동시에 지닐 수 있을까(「거문도 동백나무」).

> 해와 달이 서로의 빛으로 눈이 먼 이 길을 뒤뚱이며 간다
> 어느 날은 달의 뒤편에 자리를 펴고 앉아 지구 같은 것이나 생각하며
> 어느 날은 태양의 뒤편에 전을 펴고 누워
> 딸내미와 나같이나 불쌍한 어느 여인을 생각하며
>
> (중략)
>
> 이상하리만치 사랑하는 것들과 가까이 살 수 없는 이번 생에서 나는 가끔 꿈에서나 이런 소풍을 다녀오곤 하는데 오늘도 그랬으니 한동안은 쓸쓸하지나 않은 듯 툴툴 털고 살아갈 수 있을 것이다
>
> _「소풍」부분

'이상하게도 사랑하는 것들과 살 수 없는' 이 지상적 제약은 죽기 전엔 끝나지 않을 것 같다. 그렇다면 시란 치열하게 겪었던 사랑의 빛을 반복해서 돌리는 닳지 않는 필름 같은 것인가. 이미 지나간 것, 잡을 수 없는 것, 아름다웠던 것 들을 다시 불러와 교접하는 영원한 반복 회귀인가. 우리를 묶어두는 닻이자 날개를 달아주는 돛인 '사랑하는 것들'은 어느 모서리 하나 닳아 없어지지 않는다. 하여 이 생이 허공에 뿌리를 둔 신기루임을 알고서 사랑하는 자의 삶은 즐거운 소풍이다. 위장엔 술을 담고 허파엔 잎담배를 넣고 때로 달빛 때로 햇빛만이어도 좋을 게다.

하여 독야청청하는 낙락장송이 아니라 장딴지 굵게 용트림하는 소나무 숲에 한 점으로 어울릴 일이다. 학들이 날아와 둥지를 틀고 알을 품어서 군데군데 솔잎이 빠지고 하얗게 말라가기도 하는 붉은 소나무가 될 일이다. 그러니 남들 꽃 피울 때 같이 피고 저 홀로라도 꽃 피우며 벌 나비와 더불어 울며 한바탕 춤도 출 일이다. "때가 되면 푸르름을 여미고 꽃으로 돌아갈 일이다". "안으로 차오르는 사랑"으로 꽃처럼 마음 내며 살 일이다(「병산서원 복례문 배롱나무」).

6

깊이도 재고 가는 곳도 알았으니 이제 "사뿐 뛰어내리기만 하면 된다"는 「벼랑의 나무」에서 "지구에 물을 대는" 「이상한 女子」로 끝나는 이 시집은 흰빛을 배경으로 한 붉은 마음의 기록이다. 나는 무엇을 평하거나 비판하는 능력이 떨어지는 사람이다. 그런 자가 벗의 발문을 쓰기 위해 이전 시집까지 꼼꼼히 읽었다. 그가 밟은 발의 흔적을 다만 오래 들여다보았다. 지그시 들여다보면 알게 되고 깊이 알면 좋아하게 된다. 한 존재 속에 꽃으로 피어 있는 앓음을 알면 그것이 아름다움임을 알게 된다.

짐승스러운 것과 인간적인 것, 야생의 날것과 인위적인 것, 옳은 것과 그른 것 이 모든 이분법을 지나 안상학 시인은 진실로 시를 사랑하는 자라고 나는 생각한다. 그는 이 생에서 우연히 마주친 사람, 사물, 장소, 이념 이 모든 것이 시로 온전하게 빚어지기를 꿈꾸고 시 때문에 울고 시 때문에 웃는 천상 시인이다. 이 모든 것이자 아무것도 아닌 자다. "시 쓰는 아들 두고 싶지 않다던 아버지/시 쓰는 사위 보고 싶지 않다던 애인의 아버지"(『구색』)에게 구박받으며 시 쓰기 30년, 이 무용한 시를 붙들고 있는 자여, 시로 흐느끼고 시로 웃는 자여, 그대 영원히 철들지 마라. 어릴 때 할매가 해준 난도 잊지 말고 난을 닮은 여자도 잊지 마시라. 날이면 새롭고 밤마다 업그레이드하느라 정신없는 이 시대에 푸근한 마음으로 기대고 쉴 수 있는 붉은 소나무 하나는 있어야 하지 않겠는가.

지상의 거의 모든 기념비들은 실패를 감추고 치장한 것들뿐이니, 내내 불화하고 끝내는 실패하고 종내는 죽음으로 가나니, 뿌리로부터 밀어 올려지는 어둠과 희망 없음을 벗 삼아 가시라. 잠깐 명멸하던 빛의 기억으로 어둠을 비추며 가라. 오래된 것을 넘어 이생에서 전생, 후생까지 다리를 놓는 자여, 스스로 자기를 일으켜 세워 자력갱생하며 가시라. 탬버린 두들기며 앞으로도 뒷걸음질로도 가라. '순전히 남자라는 이유' 하나만으로 '걸어서 저 하늘까지' 가라. 설움과 비애와 절망을 바지랑대 삼아 허공의 한 점 빛이 될 때까지.

시인의 말

　내 인생의 대지에 나는 시를 뿌렸다. 내가 고른 씨다. 못난 손길로도 예쁘게 싹이 텄고, 슬픈 마음으로 어루만져도 기쁘게 자랐다. 꽃이 피었던 기억은 있는데 열매는 글쎄다. 시의 열매는 무엇일까 묻지 않았다. 삶이 여물면 시도 여물겠지 하며 지냈다. 사실 그것이 열매가 아닐까 생각하며 서두르지 않았다. 남의 논밭 기웃거리지 않았고, 남의 작물이며 작황에 마음 쓰지 않았다. 그저 내가 뿌린 씨 하나도 버거워하며 나는 나의 대지에서 시와 함께 소요했다. 꽤 오래되었다.
　살아가는 몸과 마음에 자꾸 무거워지는 것들이 있다. 나는 그것을 덜어낼 때 시에 의지했다. 앞으로도 살아가면서 자꾸 무거워질 때가 있을 것이다. 그때마다 시는 내 등을 받아줄 것이다. 그 어떤 것으로도 덜어낼 수 없어서 힘들어할 때도 시는 내 등을 덥혀준 또 하나의 나였지 않은가. 내 생명이 아직 붙어 있는 것도 다 시의 생명에 호흡기를 꽂은 덕이다. 이제 시와 나의 은밀한 거래는 지극히 자연스러운 일이 되었다. 그것으로 만족한다. 앞으로도 그럴 것이다. 시여, 고맙다. 나랑 똑같이 생겨먹기까지 해서, 그렇게 살아주어서.

갑오 소서 무렵
안상학

실천시선 220
그 사람은 돌아오고 나는 거기 없었네

2014년 7월 3일 1판 1쇄 펴냄
2019년 1월 3일 1판 6쇄 펴냄

지은이	안상학
펴낸이	윤한룡
편집	한지혜
디자인	윤려하
관리·영업	박수정

펴낸곳	(주)실천문학
등록	10-1221호(1995.10.26)
주소	서울특별시 중랑구 상봉로 110, 1102호
전화	322-2161~5
팩스	322-2166
홈페이지	www.silcheon.com

ⓒ 안상학, 2014
ISBN 978-89-392-2220-5 03810

이 책은 한국문화예술위원회 2014년도 아르코문학창작기금을 받았습니다.

이 책 내용의 전부 또는 일부를 재사용하려면
반드시 지은이와 실천문학사 양측의 동의를 받아야 합니다.